Einsterns Schwester 1/2

Schreiblehrgang

Lateinische Ausgangsschrift

von

Heidemarie Löbler

Illustriert von

Sharmila Banerjee

Yo Rühmer

Cornelsen

Schreiblehrgang

Lateinische Ausgangsschrift

von Heidemarie Löbler

Redaktion: Ingrid Bartels
Illustration: Sharmila Banerjee, Yo Rühmer
Technische Umsetzung: Jutta Stindtmann, Berlin
Umschlaggestaltung: corngreen, Leipzig
Umschlagillustration: Yo Rühmer

Inhalt

www.cornelsen.de

1. Auflage, 8. Druck 2024

© 2015 Cornelsen Schulverlage GmbH, Berlin
© 2017 Cornelsen Verlag GmbH, Berlin

Druck: Athesiadruck GmbH

ISBN 978-3-06-083260-6

Hinweise zum Einsatz

1. Grundsätzliches zum Schreiblehrgang

Beim Erlernen der Druckschrift als Erstschrift, also bei der Bearbeitung des Druckschriftlehrgangs, haben die Kinder bereits wesentliche Voraussetzungen erworben, um mit dem vorliegenden Schreiblehrgang zügig und problemlos die verbundene Schrift zu erlernen.

Die *Lateinische Ausgangsschrift* ist gekennzeichnet durch viele Drehrichtungswechsel und Deckstriche sowie schreibmotorisch anspruchsvolle Schleifen und Wellenlinien.

Während sich die Druckschrift durch ihr formorientiertes, zusammensetzendes und gegliedertes Wesen auszeichnet, geht es bei der Schreibschrift um bewegungsorientiertes, zügig-verbindendes Schreiben. Daher sind ergänzend zur Bearbeitung des Schreiblehrgangs Übungen zur Schulung der Feinmotorik und zur Kräftigung der Fingermuskulatur erforderlich. Es ist ebenso wichtig, dass die Buchstaben vor der entsprechenden Seite außerhalb des Lehrgangs geübt werden.

Der Schreiblehrgang berücksichtigt in hohem Maße den *Grundwortschatz* sowohl in den Schreibzeilen als auch in den blau unterlegten Kästen (🖌 „wichtige Wörter"). Ferner gibt es auf der letzten Innenseite eine Liste mit Häufigkeitswörtern sowie wichtigen Verben.

2. Methodische Hinweise zum Schreiblehrgang

Das Schreiben der Lateinischen Ausgangsschrift bedarf systematischer und gründlicher Übung. Neben den verschiedenen Grundbewegungen sind besonders der *Drehrichtungswechsel* und die *Deckstriche* bei einigen Buchstaben zu beachten.

Drehrichtungswechsel kommen nicht nur innerhalb der fortlaufenden Schreibbewegung vor. Es gibt auch Drehrichtungswechsel im Anschluss an einen Haltepunkt. Sie sind dann zugleich verbunden mit einem Deckstrich. Ein Deckstrich ist eine deckungsgleiche Linie in entgegengesetzter Schreibrichtung.

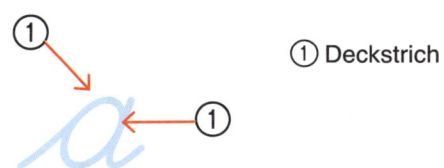

① Deckstrich

Die Deckstriche (z.B.: *a, d, p, qu, r, ß*) erfordern besondere Beachtung, da sie exakt deckungsgleich geschrieben werden müssen.

Im Allgemeinen richtet sich der Schreiblehrgang nach folgenden Prinzipien:
- Wo es erforderlich ist, gibt es eine vorbereitende *feinmotorische Grundübung*.
- Der Schreiblehrgang übt die vom *Schreibablauf einander ähnlichen Buchstaben* weitgehend im Zusammenhang.
- Alle neu eingeführten Buchstaben sind in Druckschrift oben auf der Seite vorgegeben.
- In den gelb umrandeten Feldern werden die neuen Buchstaben geübt. Zuerst wird der *größte Buchstabe* mehrmals nachgespurt. Dann schreiben die Kinder den Buchstaben in unterschiedlichen Größen in das Feld.

- *Rote Startpunkte* helfen, den Buchstaben an der richtigen Stelle zu beginnen. Der Schreibablauf ist nummeriert.
- Die hellblauen Buchstaben und Wörter in den Linien werden *nachgespurt* (farbig oder mit Bleistift).
- *Arbeitsaufträge* - sofern nötig – werden von der Begleitfigur Lola formuliert.
- Für *Linkshänder* erscheinen die Wörter noch einmal am rechten Zeilenrand.
- Viele Aufgaben im Schreiblehrgang bieten *Differenzierungsmöglichkeiten*. Die entsprechend gekennzeichneten Aufgaben ✳ sind nach eigenem Ermessen zu bearbeiten. Sie eignen sich zur Wiederholung eingeführter Wörter, zum Üben des Grundwortschatzes sowie als Ausgangspunkt für das freie Schreiben. Wahlaufgaben, die als *Partneraufgaben* ausgewiesen sind, bieten sich in besonderer Weise für kooperatives und dialogisches Lernen an.
- Das *Abschreiben von Texten* kann mithilfe der in den Schreiblehrgang integrierten Themenseiten (z.B. Seite 49) sowie mithilfe der Texte auf Seite 56 besonders geübt werden. Auch hier finden sich Texte zu bestimmten Themen, die innerhalb der Buchstabenprogression zu einem bestimmten Zeitpunkt abgeschrieben werden können (siehe Verweishand auf den entsprechenden Seiten ☞. Die dort mit ✳ gekennzeichnete Unterteilung der Texte dient der *Differenzierung*.
- Über ein einfaches *Bewertungssystem* mit drei Smileys können sich die Kinder in Bezug auf konkrete Aufgaben selbst einschätzen und so den Erfolg ihres Lernens reflektieren.
- Das *Schreiben mit Füller* wird erst nach fortgeschrittenem und sicherem Umgang mit der verbundenen Schrift empfohlen.

3. Arbeitssymbole

Folgende Arbeitssymbole werden im Schreiblehrgang verwendet:

 schreiben,

verbinden,

einkreisen,

 in ein Heft schreiben,

 besprechen mit einem Partner,

 besprechen in der Gruppe,

 Differenzierungsmöglichkeit,

 Verweis auf die Seite 58 im Anhang, die Übungstexte zum Abschreiben enthält,

 zur Selbsteinschätzung der Arbeit das passende Smiley anmalen.

Vorübung

Lola   Uli   Tim   Lisa

Uli   Lisa   Lola   Tim

... und jetzt alles in Schreibschrift!

Meral   Tobias   Lea   Ali

Lea   Ali   Meral   Tobias

l

Lola Lola

lila

Salat

los

los los los

Ball Ball

Lolli Lolli

Füller

toll toll

l ll

f

Tafel

Tafel Tafel

Affe

Affe Affe

Ofen

Ofen Ofen

Schiff

Schiff Schiff

fein

fein fein

Koffer

Koffer

fünf

5 fünf fünf

fünf

Alle lernen fein.

el

Esel   Esel   Esel

Tafel   Tafel   Tafel

elf   elf   elf

Apfel   Apfel   Apfel

ee   ee   ee

Tee

Tee   Tee   Tee   Tee   Tee   Tee   Tee   Tee

See

See   See   See   See   See   See   See   See

Klee   Klee   Klee   Klee   Klee   Klee

T   **F**

Tim

Tim Tim

Tal

Tal Tal

Tasse

Tasse Tasse

Tee

Fee

Feder

Feder Feder

Fell

Fell Fell

Felle

Felle Felle

P

Pe · Pe Pf · Pf

Papa

Papa Papa

Pulli

Pulli Pulli

Palme

Palme

Perle

Perle Perle

Pinsel

Pinsel

Pferd

Pferd Pferd

Pilz

Pilz Pilz

Pferde

Pferde

Pe Pf Pf

Pe Pf Pf

i

u

i i   i

u u   u

Tim

Pulli

Tim Tim

ei

eu

ei ei   ei

eu eu   eu

Seil

neu

Seil Seil

neu   neu   neu   neu

Pfeil

Feuer

Feuer Feuer

Seife

Beule

Seife

Beule Beule

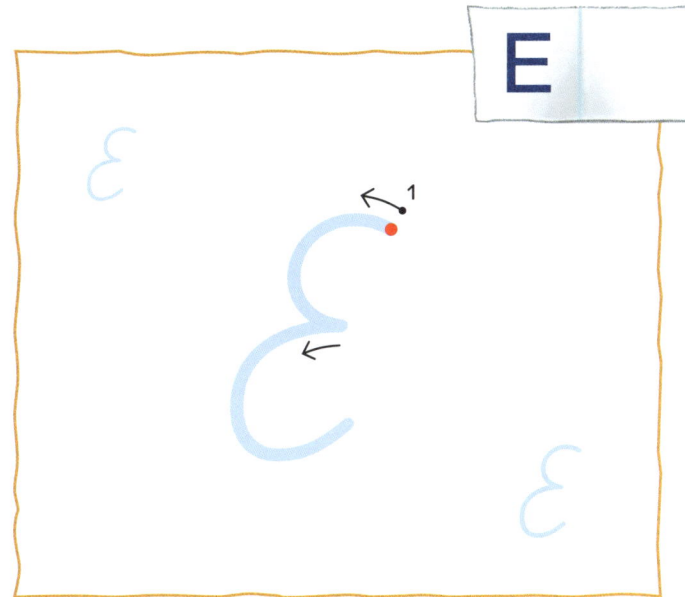

$\mathcal{E}$ $\mathcal{E}$ $\mathcal{E}$

$\mathcal{E}i$ $\mathcal{E}i$ $\mathcal{E}i$

Eile   Eile

Eile   *Eile*

$\mathcal{E}u$ $\mathcal{E}u$ $\mathcal{E}u$

Eule   Eule

Eule

Efeu   Efeu

Efeu   *Efeu*

Elfe   Elfe

Elfe   *Elfe*

Tee, Fee, Fell, Pulli, Pfeil, Peil, elf, Ei, Eile, Eule, Elfe, Efeu

Lies die Wörter leise mit einem Partnerkind.

11

n

n

neun

g neun

m

m

mein

mein

ei **n** **m** **u**

ein — *ein*

eine — *eine*

eine Eule   ~~ein Ei~~   ein Pfeil   eine Fee

ein Ei

nein — nein

nein — *nein*

fein — fein

fein — *fein*

um — um

um — *um*

nun — nun

nun — *nun*

wichtige Wörter

Ei, im, fein, nein,
neu, neun, nun, um

☺ 😐 ☹   13

O o

O   o

o   o

Omi

Omi

Ofen

Ofen

offen

offen

Tonne

Tonne

Telefon

Telefon

ein Ofen, eine Tonne, ein Telefon, ein Pulli,
eine Fee, meine Omi, neun Pfeile, ein Fell,
elf Eulen, eine feine Elfe

a

d

a   a   a

d   d   d

alle   alle

da   da

au   au

du   du

auf   auf

die   die

laufen   laufen

laufen   laufen

und   und

und   und

finden   finden

finden   finden

wichtige Wörter

alle, auf, da, die, du, und, finden, laufen, malen, Tafel, Telefon, Oma, Ende

Dino

Dino

Dame

Dame

Delfin

Delfin

⭐ Daumen

Daumen

⭐ Domino

Domino

S

Lee

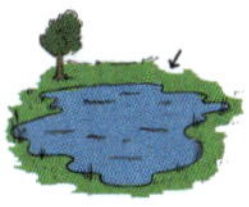

Sessel

s · s

so · so

sind · sind

das · das

ss · ss

muss · muss

Sessel

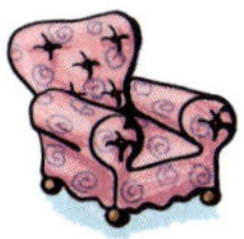

wichtige Wörter

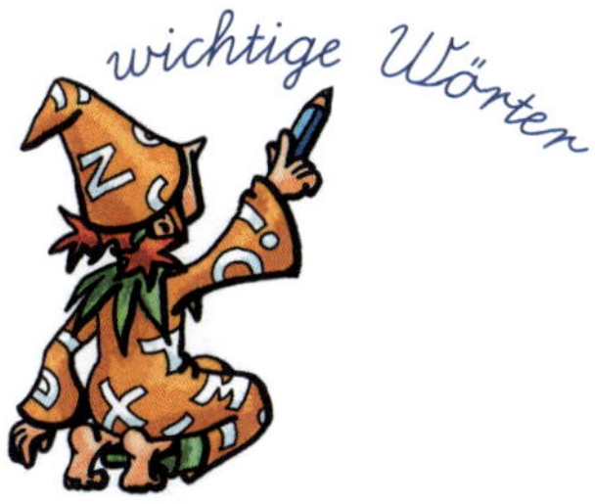

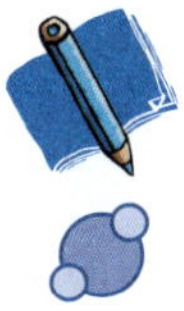

alles, als, also, leise, sollen, Dose,
Esel, Pinsel, Eis, aus, sie, essen

t

t   t   t

te   te

tun

                                       tun

mit   mit

tt   tt   nett   nett

St   St   st   st

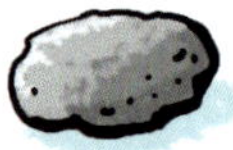

Stein   Stein

Stunde   Stunde

still   still

ist   ist

Die Enten sind am See.

Die Tante ist am Telefon.

Tim isst ein tolles Eis.

Die Tomaten sind alle im Salat.

N

N N N N

Na

Na

Name   Name

Nadel   Nadel

Das ist die Nase.   Die Nadel ist neu.

Das Nest ist unten.   Nils ist ein Name.

Das ist

Nils

die Note, die Nase, die Nuss,
die Nadel, die Null, die Nudel,
das Nest, die Namen

M

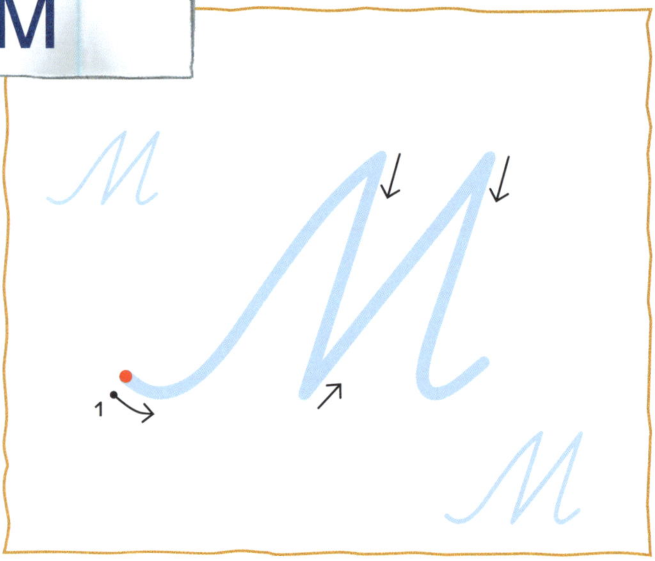

M

M M M

M M

Ma Ma

Me Me

Mama Mama

Maus Maus

Mama		eine Maus.
Oma	malt	eine Ente.
Mia		einen Esel.
Moni		Mamas Eis.

Mama malt

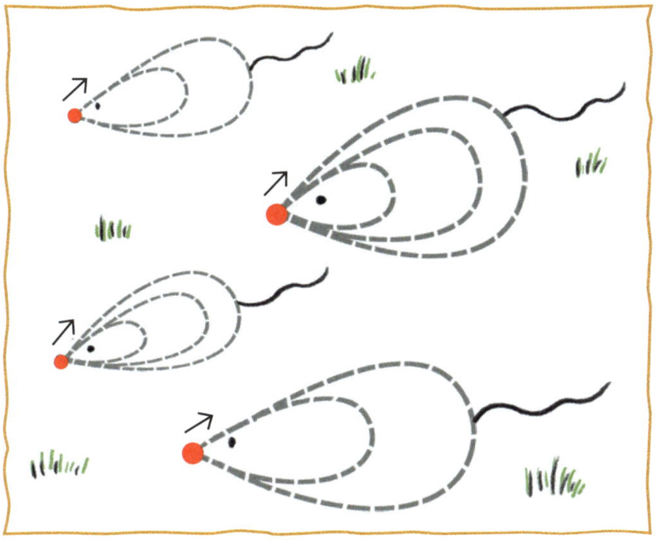

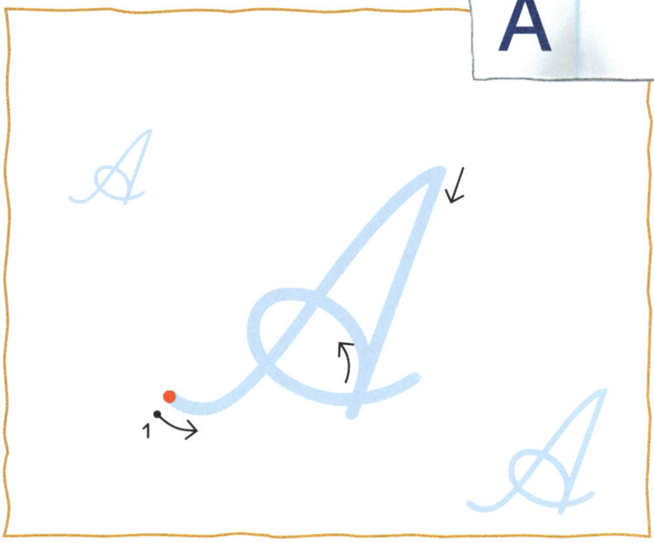

A   *A*   *A*   *Au*   *Au*

Ast   *Ast*

Auto   *Auto*

Affe   *Affe*

Kreise 4 Tiernamen ein und schreibe sie auf. Welche Tiernamen kennst du noch? Schreibe mit einem Partner eine Liste im Heft.

Affe

(Affe)   *Auto*   *Ast*   *Automat*   *Atlas*   *Aal*   *Amsel*   *Ameise*

 Schreibe alle Nomen mit ihrem Artikel auf.

R r

R   R   R   r   r   r

Rose   Rose

rufen   rufen

er   er   der   der

oder   oder

lernen   lernen

Radio   ~~Roller~~   Reise

Rosine   Ritter   Ruder

Ordne die Wörter ein!

der   die   das

Roller

r

re   re   ro   ro

reden   reden

reisen   reisen

rot   rot

rollen   rollen

rei	tur	rol
ru	re	ler

sen	nen	fen
len	den	nen

Alle reisen.   Alle

Alle

Der Affe turnt an einem Ast.
Die Mutter redet mit der Oma.
Peter ruft seine Tante an.
Mara rollt mit dem Roller.

☺ ☺ ☹

p

p *p* *p*

pp *pp*

Opa *Opa*

Papa *Papa*

Puppe *Puppe*

Ampel *Ampel*

Raupe *Raupe*

Pf *Pf* *pf* *pf*

Pferd *Pferd*

Apfel *Apfel*

Topf *Topf*

Die Ampel ist rot.

Die A

Die Puppe ist neu.

Sp sp

Sp — Sp   sp — sp

Sport   Sport

Spiel   Spiel

spielen   spielen

sparen   sparen

er spielt

sie spart

die Treppe   die Mutter   die Spinne

das Spiel   der Roller   der Stern

die Spinne

☞ Seite 56

25

I

𝓘 𝓘 𝓘

𝓘 𝓘

Imo

Imo

Insel   Insel

Idee   Idee

Indianer   Indianer

Indianer reiten oft.

Tim spielt mit Imo.

Mia malt eine Insel.

Im Internet sind Fotos.

H h

H H H   H   h h   h

Hose   Hose

her   her

hinter   hinter

holen   holen

Hase   Himmel   Haus

Hai   Hund   Hose

der Hai

der

☺ ☺ ☹

C c

cent

Computer

cremen

cool

Alle lesen am Computer.

Alle

Alle lernen am Computer.

Sind Computer cool?

Ch ch

Ch   Ch   Ch

Chor   Chor

China   China

ch   ch   ch

ich   ich

nicht   nicht

leicht   leicht

machen   machen

suchen   suchen

rechnen   rechnen

sprechen   sprechen

wichtige Wörter

machen, suchen, rechnen, sprechen, dich,
doch, durch, hoch, leichter, nach, ich

29

Sch sch

Sch Sch Sch

sch sch sch

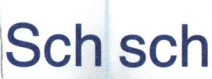

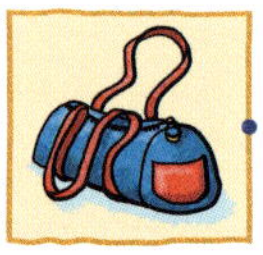 Schule Schule

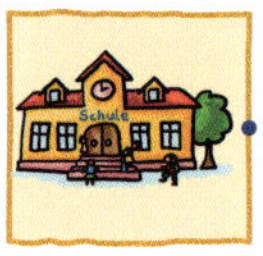 Schere Schere

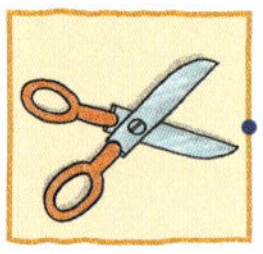 Tasche Tasche

schon schon

frisch frisch

~~schla~~ schnei schei den ~~fen~~ nen

Die Schere ist scharf.

Die Sch

Tim schneidet sich.

Ist das schlimm?

$\mathcal{L}$ $\mathcal{L}$ $\mathcal{L}$

$Lola$ $Lola$

$Leute$ $Leute$

das   **die**

$Lamm$

Lamm

Lampe

Land

Lied

Laterne

Licht

Lasso

Lehrerin

Lippe

Leiter

 Schreibe alle L-Wörter mit Artikel auf.

☞ Seite 56   31

Z z

Z z   Z

z z   z

Zeit   Zeit

Zahn   Zahn

Zahl   Zahl

zahlen   zahlen

Herz   Herz

Salz   Salz

Pflanze   Pflanze

wichtige Wörter

die Zahl, zahlen, der Zahn,

die Zeit, die Pflanze, das Salz

tz

tz   *tz*   *tz*

atz   atz

itz   itz

Latz   Latz

sitzen   sitzen

Alle sitzen am Tisch.

Opa sitzt im Auto.

Lola spricht einen Satz.

Was reimt sich ?

Latz   spitzen   Platz

flitzen

Schatz

sitzen

 Schreibe mit einem Partnerkind weitere Reimwörter auf.

Helm   *Helm*

Hamster   *Hamster*

Lupe   *Lupe*

Lama   *Lama*

Zopf   *Zopf*

Zitrone   *Zitrone*

| Zeinab Hans Lola | hat | einen netten Hamster. einen roten Helm. einen hellen Zopf. einen Lutscher. |

Schreibe Sätze!

34

U

U

Uhu

Ufer

Uhr

Die Uhr hat Zahlen.

Am Ufer sitzt Lola
mit einem Computer.

Uranus ist ein Planet.

Schreibe in
Schreibschrift!

1. Ein Uhu sitzt auf einem Ast.
2. Tante Ulla hatte einen Unfall.
3. Die Uhr ist neu.
4. Uli macht immer nur Unsinn.

B b

B B B

b b b

Baum Baum

Buch Buch

bunt bunt

baden baden

leben leben

Ich lese in einem Buch.

Im Sommer badet Lola.

wichtige Wörter

der Baum, das Bild, die Birne, die Blume,
das Brot, der Bruder, das Buch

b

bl   bl   br   br

be   be   ben   ben

blau   blau

braun   braun

brauchen   brauchen

Rabe   Rabe

aber   aber

arbeiten   arbeiten

er tobt   bleiben

er lebt   toben   er tobt, toben

sie bleibt   lieben

er schreibt   leben

sie liebt   schreiben

Ä ä

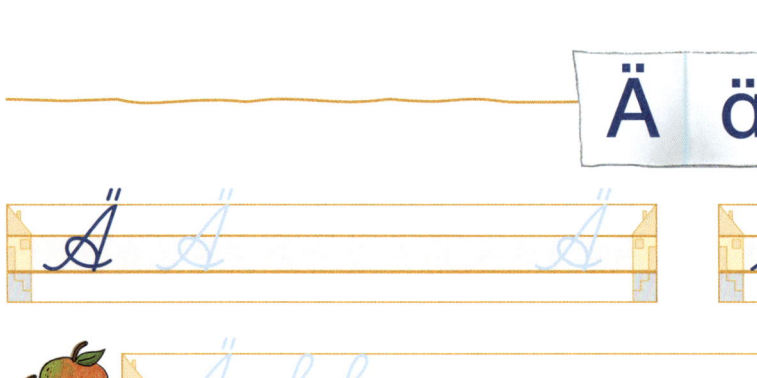 *Ä   Ä   Ä*   *ä   ä   ä*

 *Äpfel*   *Äpfel*

Zähne   *Zähne*

Lätze   *Lätze*

 *Mädchen*   *Mädchen*

zählen   *zählen*

 Nils liest ein Märchen.

Nils

Das Mädchen zählt schnell.

Die Äpfel sind rot.

die Zähne – der Zahn, die Hände – die Hand,
die Bälle – der Ball, die Räder – das Rad,
die Dächer – das Dach, die Lätze – der Latz,
die Äpfel – der Apfel, die Äste – der Ast

38   ☞ Seite 56

Äu *Äu* *Äu*

äu *äu* *äu*

Mäuse *Mäuse*

Bäume *Bäume*

Häuser *Häuser*

träumen *träumen*

läuten *läuten*

träumen   aufräumen

läuten

~~Bäuerin~~   er läuft   Räuber

Bauer	*Bäuerin*	laut	
Traum		Raum	
laufen		rauben	

Schreibe alle äu-Wörter dieser Seite auf.

Ö Ö   Ö   ö ö   ö

Öl   Öl

öffnen   öffnen

schön   schön

böse   böse

hören   hören

Mia öffnet das Fenster.

Mia

Sie hört ein Lied.

Lola pfeift schön.

Das macht sie öfter.

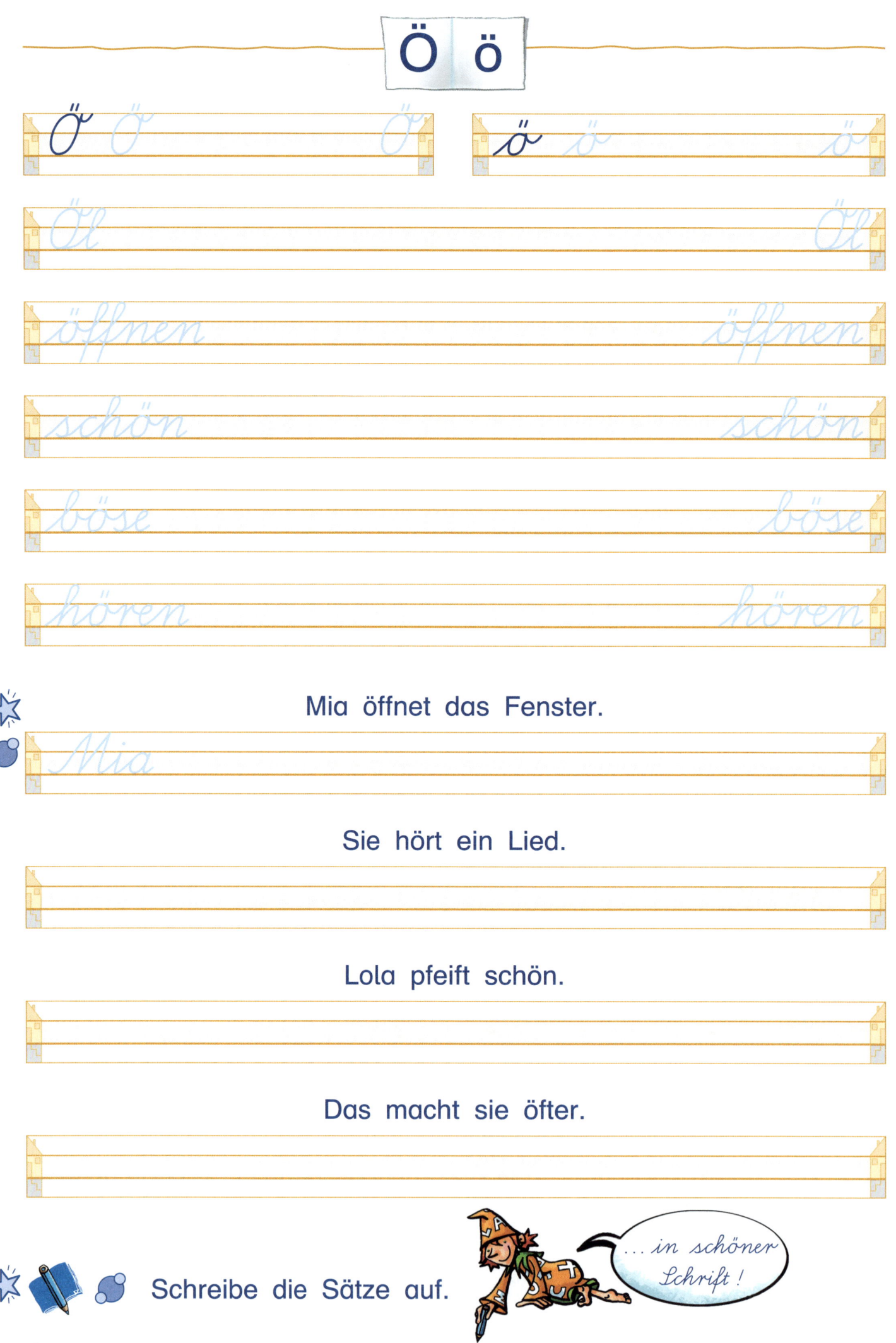

Schreibe die Sätze auf.   ...in schöner Schrift!

Ü ü

Ü ü — Ü

ü ü — ü

über — über

für — für

müssen — müssen

Füller — Füller

Blüte — Blüte

blühen — blühen

dür — müs — blü — sen — hen — fen

Am See blühen Blumen.

Am

Lola und Lisa dürfen
an den Blüten riechen.

G g

G G G

g g g

Gabel Gabel

Gras Gras

Gold Gold

gut gut

gelb gelb

Tag Tag

Bienen geben gesunden Honig.

Im Garten ist Gras.

Nils geht gern zur Schule.

g ng

liegen → er liegt

lie · ⌐
zei ·
le · → gen
sa ·
fra ·

→ er

→

→

→

ng ng   ng

Ring   Ring

eng   eng

singen   singen

bringen   bringen

wichtige Wörter

Gabel, Garten, Gemüse, Gras, Gräser, Aufgabe,
Auge, Regen, Ziege, gelb, grün, gesund,
bringen – sie bringt, fragen – er fragt,
geben – er gibt, gehen – er geht, legen – sie legt,
liegen – sie liegt, sagen – er sagt,
singen – er singt, zeigen – sie zeigt

V v

𝒱 𝒱ater

𝒱ase

𝒱ogel

viel   vor

ver — reisen   schreiben   schlafen   sprechen   geben   brauchen

verreisen

W w

W   W   W   w   w   w

Wiese   Wiese

Weg   Weg

wir   wir   weil   weil

Löwe   Löwe

Schwester   Schwester

Wir warten auf den Winter.

Wir

wichtige Wörter

Wasser, Weg, Wind, Winter, Woche, Wolf,
Wort, Wurzel, warten, was, weit, weiter,
wer, wo, wollen, wünschen, antworten,
Clown, Löwe, schwarz, Schwester

☞ Seite 56

J j

Junge

Jahr

ja

jeder

Der Januar ist ein Monat.

Manche Jungen mögen Judo.

Mögen alle Mädchen Judo?

Mögen

Mag jeder Junge Pizza?

Mag jedes Mädchen Jogurt?

K k

K K K

k k k

Kiste Kiste

Kind Kind

Katze Katze

Klasse Klasse

klein klein

können können

krank krank

trinken trinken

denken denken

ck ck ck

dick dick

Sack Sack

Jacke Jacke

Zucker Zucker

backen backen

Heute ist kein schönes Wetter.
Am Himmel ziehen Wolken.
Es ist dunkel und kalt.
Die Kinder tragen Jacken.

Schreibe die Sätze ab!

Heute

Lolas Einladung

Liebe Freunde,
ich lade euch zu einem lustigen
Fest ein. Es ist am Freitag.
Wir wollen singen, malen und
spielen. Kommt ihr?

Lola

Schreibe ab!
Male einen
schönen bunten
Rahmen!

ß

ß ß ß
ß ß
süß
süß

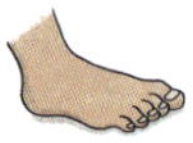

Fuß Fuß
Füße Füße 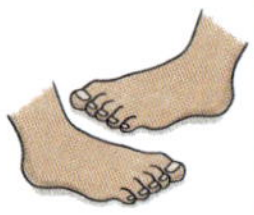
groß groß
größer größer
heiß heiß

Schokolade ist · · fleißig.
Zum Fleisch gibt es · · süß.
Der Schnee ist · · Soße.
Wer viel arbeitet, ist · · Straße.
Autos fahren auf der · · weiß.

Schreibe die Sätze in dein Heft!

ß

ßen   ßen   ßt   ßt

heißen   heißen

er heißt   er heißt

gießen   beißen   gießt   beißt

schießen   reißen   schießt   reißt

schießen → er

→ er

→

→

⭐ **Schreibe vier lustige Sätze.**

Eltern	beißen	fleißige Kinder.
Hunde	grüßen	große Füße.
Verliebte	lieben	heiße Würstchen.
Schüler	genießen	weiße Rosen.

Qu qu

Qu   Qu   Qu

qu   qu   qu

Quadrat   Quadrat

quer   quer

bequem   bequem

qua   qual   quiet   quie

ken   schen   ken   men

quaken

Im Meer schwimmen Quallen.

Im

Kinder machen Quatsch.

Y y

Y Y Y   y y y

Baby

Pyramiden	ist eine Stadt.
Syrakus	ist ein Hut.
Hyazinthen	sind hoch.
Ein Zylinder	ist eine Pflanze.
Thymian	sind Blumen.

Pyramiden

X x

𝒳 𝒳 𝒳

𝓍 𝓍 𝓍

Xylofon   Xylofon

Hexe   Hexe

Text   Text

mixen   mixen

Hexen ·   · mixen.

Boxer ·   · können ·   · boxen.

Mixer ·   · hexen.

Schreibe drei Sätze!

Lolas Gedicht

Ich kann gut schreiben, fix und richtig,
denn alle Wörter sind sehr wichtig.
Das Heft ist ja auch fast voll,
geschrieben habe ich ganz toll.
Ich schaffe jeden Text – na klar!
Schreiben ist ganz wunderbar!

Findet ihr das Schreiben auch wunderbar?

Ich kann

Kleine Abschreibtexte zum differenzierten Einsatz

Nach t (Seite 18)

Tante Pia ist da!

Die Tante Pia ist nett.
Sie malt mit Tim und Paula.

⭐ Dann essen alle Salat
mit Tomaten. Fein!

Nach Sp/sp (Seite 25)

Die Sportstunde

Sport ist immer super. Nino
rennt als Erster los. Dann
startet Mia. Paul turnt am Seil.

⭐ Anna rollt den Reifen.
Am Ende spielen alle.

Nach L (Seite 31)

In der Schule

Alle lernen und passen auf.
Leon rechnet im Heft. Er sucht
sein Lineal. Ist es in der
Mappe?

⭐ Die Lehrerin sucht auch.
Das Lineal ist nicht da.
So ein Pech!

Nach Ä/ä (Seite 38)

Märchen

Anna liest oft Märchen. Am
liebsten hat sie „Die Sterntaler".
Ein armes Mädchen war sehr
lieb. Es half allen, bis es nichts
mehr hatte.

⭐ Da fielen Sterne als Taler
auf das Mädchen herunter.

Nach W/w (Seite 45)

Eine Unsinn-Geschichte

Ein Igel und eine Schlange
essen ohne Gabel Gemüse im
Garten. Von den Pflanzen tropft
noch Wasser. Das ist gesund!

⭐ Dann liegen sie gemütlich
im Gras und warten auf
die Sonne.

Nach X/x (Seite 54)

Die kleine Hexe

Es war einmal eine Hexe.
Sie träumte von einem neuen
Hexenhaus und einem schnellen
Hexenbesen. Doch verflixt!
Wo war das Zauberbuch bloß?

⭐ Sie konnte es nicht mehr
finden. Der Rabe Xaver
lachte darüber.